Todos pasamos por malas rachas, gracias a las cuales, después apreciamos mejor las buenas.

Cuando se entra en una nube negra a veces es difícil encontrar una pequeña luz que alumbre el camino de salida.

Pero la salida está más cerca de lo que crees, en las pequeñas cosas que nos vuelven a conectar con lo bueno de la vida, sólo hay que esforzarse un poco, mirar mejor.

Este libro que te regalo pretende ser mi puñado de flores para ti. Ideas sencillas pero que pueden cambiarlo todo, no subestimes la simplicidad de las propuestas y déjate llevar.

Vuelve a conectar contigo, con la gente que te quiere, con la naturaleza, con la esperanza y ese nuevo día soleado llegará antes de lo que crees. Ya verás.

Te quiero

HAZ UNA LISTA DE COSAS POR LAS QUE ESTÁS AGRADECID@

ANDA DESCALZ@ POR LA HIERBA

VETE A VER
EL AMANECER
O EL
ATARDECER.

ESCRIBE UNA
CARTA BONITA
A ALGUIEN A
QUIEN QUIERES

APRENDE ALGO NUEVO (POR PEQUEÑO QUE SEA)

ARREGLA ALGO ROTO

BAILA

ESCRÍBETE
UNA CARTA
CARIÑOSA A
TI MISM@
(COMO SI FUESE
PARA TU MEJOR
AMIG@, PORQUE
LO ERES,
¿NO?)

VISITA UN BARRIO DESCONOCIDO DE TU CIUDAD

PONTE TU CANCIÓN FAVORITA EN LOS CASCOS, CIERRA LOS OJOS Y DÉJATE LLEVAR

HAZ 3 FOTOS QUE CAPTUREN BELLEZA

(SI LA BUSCAS, LA ENCUENTRAS)

CANTA A TODO PULMÓN

BUSCA REVISTAS VIEJAS, TIJERAS Y PEGAMENTO Y HAZ UN COLLAGE

COMPLETA UNA TAREA QUE HAYAS ESTADO POSTERGANDO

SAL A
CONDUCIR
SIN DESTINO

PASA TIEMPO CON AMIGOS

DESCONECTA

DE TODOS TUS DISPOSITIVOS MÓVILES POR UN DÍA

DILE A ALGUIEN IMPORTANTE EN TU VIDA, QUE LE QUIERES

DISFRÁZATE. HAZTE UNA FOTO. RIÉTE DE TI Y DE LA VIDA.

HAZ ALGO DE EJERCICIO (AUNQUE SEA MUY LIGERO).

LEE TU LIBRO FAVORITO

IMPRIME Y PON EN UN MARCO BONITO UNA FOTO DE TUS **AMIGOS** O TU **FAMILIA**

JUEGA A
JUEGOS DE
MESA

DONA LA ROPA QUE YA NO USES

Date una ducha caliente o un baño de espuma

ESCRIBE UN
CUENTO CORTO
O UN POEMA

SAL A MIRAR ESCAPARATES

SAL A COMER
A UN SITIO
NUEVO

REORGANIZA LOS MUEBLES DEL SALÓN

HAZ UNA LISTA DE COSAS QUE QUIERES CONSEGUIR EN LOS PRÓXIMOS 12 MESES (INCLUYE ALGÚN SUEÑO)

ESTIRA CADA
MÚSCULO DE
TU CUERPO.
SIÉNTELO.

LAVA EL
COCHE

LEE UN POEMA.
DEJA QUE
CREZCA DENTRO
DE TI.

HAZ UNA LISTA DE COSAS QUE TE GUSTAN DE TI MISM@

RECUERDA QUÉ
TE HIZO
LLORAR DE
RISA LA
ÚLTIMA VEZ.

LLAMA A UN AMIG@ DEL QUE NO SEPAS DESDE HACE UN TIEMPO E INTERÉSATE POR ÉL/ELLA.

VISITA UNA LIBRERÍA Y DEJA QUE UN LIBRO TE ESCOJA A TI

DI EN VOZ ALTA:

ME QUIERO Y ME CUIDO.

ESCOGE UNA

META.

DIVÍDELA EN

PEQUEÑOS PASOS.

DA EL PRIMERO

AHORA MISMO.

SIÉNTATE EN UN BANCO DE UNA CALLE CONCURRIDA Y MIRA A LA GENTE PASAR. OBSERVA.

VE A UN MUSEO O GALERÍA DE ARTE Y **CONTEMPLA DETENIDAMENTE** UN CUADRO. FÍJATE EN TODOS LOS DETALLES.

ACHUCHA A
UN PERRO,
UN GATO
(O A CUALQUIER
SER VIVO
PELUDO Y
ACHUCHABLE :)

JUEGA CON TU PELO (COLOR, CORTE, PEINADO)

PLANEA UN FIN DE SEMANA FUERA (AUNQUE SEA AL PUEBLO DE AL LADO)

BUSCA FORMAS
EN LAS NUBES

ORDENA LOS CAJONES

CIERRA LOS OJOS E IMAGINA DURANTE 20 MINUTOS QUE ESTÁS EN TU **PARAÍSO PARTICULAR.** HUELE, SIENTE ESE LUGAR.

OBSERVA A LOS PÁJAROS

APRENDE A PREPARAR UN PLATO NUEVO, COMPRA LOS INGREDIENTES, PONTE MÚSICA, COCÍNALO E INVITA A UN AMIG@ A CENAR

PINTA UN CUADRO

(AUNQUE CREAS QUE NO SABES)

VE A UN
PARQUE LLENO
DE NIÑOS

PINTA UN MUEBLE

DA UN PASEO
POR LA PLAYA,
EL PARQUE,
EL BOSQUE
(LA NATURALEZA)

PONTE TU PELÍCULA FAVORITA (CON PALOMITAS, MEJOR)

PREPÁRATE TU POSTRE FAVORITO (Y LUEGO COMÉTELO SABOREÁNDOLO)

HAZ ALGO POR
PRIMERA VEZ.
LO QUE SEA.

COMPRA UNA
MACETA,
TIERRA Y
SEMILLAS Y
PLANTA UNA
FLOR

QUEDA CON
UN SER
QUERIDO
Y PÍDELE QUE
TE ABRACE

REGÁLATE
FLORES FRESCAS

INVÍTATE A TU RESTAURANTE FAVORITO

HAZ UNA LISTA
DE PROBLEMAS
QUE AGRADECES
NO TENER.

SAL A BUSCAR
UN REGALO
PARA ALGUIEN
A QUIEN
QUIERES

SI SALIÓ EL SOL, DEJA QUE TE DÉ EN LA CARA. SIENTE SU CALOR Y SU ENERGÍA.

DATE UN
MARATÓN
DE TU SERIE
FAVORITA

SONRÍE.

AUNQUE NO TENGAS MALDITAS LAS GANAS, SONRÍE.

SÚBETE A UN ÁRBOL O ABRÁZALO

PIENSA EN TU MAYOR PREOCUPACIÓN, COLÓCALA MENTALMENTE SOBRE UNA BARCA EN UN RÍO Y OBSERVA CÓMO SE LA LLEVA LA CORRIENTE

TÓMATE
UNA TAZA
DE TÉ

TÚMBATE EN LA HIERBA

PONTE FRENTE

A UN ESPEJO

Y DI:

ESTO TAMBÍEN

PASARÁ.

(PORQUE PASARÁ)

VE AL CINE

ENCIENDE UNA VELA CON UN OLOR QUE TE ENCANTE (SÍ, HOY ES EL DÍA).

VÍSTETE CON TUS MEJORES ROPAS. SIN NINGÚN MOTIVO.

HAZ YOGA.
AUNQUE NO
SEPAS, BUSCA
INFORMACIÓN
Y PRACTICA
UNA POSTURA.

VISUALIZA A TU YO DEL FUTURO DICIÉNDOTE: ¡HEY! ¡SALIMOS BIEN DE ESTA!

Y NO OLVIDES
QUE
TE QUIERO
Y ESTOY AQUÍ
PARA LO
QUE NECESITES